Reise über Posen durch das Baltikum

Das Baltikum ist ein Gebiet in Europa, zu dem heute die Staaten Estland, Lettland und Litauen gerechnet werden. Diese baltischen Staaten haben insgesamt eine Bevölkerung von etwa 6 Millionen Menschen auf einer Fläche von etwa 175.000 qkm.

An das Baltikum grenzen Russland, Weißrussland und Polen sowie westlich und nördlich die Ostsee bzw. der finnische Meerbusen.

Die baltischen Staaten Estland, Litauen und Lettland wurden nach dem Ersten Weltkrieg unabhängig vom damaligen Russischen Reich, 1940 von der Sowjetunion annektiert und erlangten erst 1991 erneut ihre Eigenständigkeit.

Die Baltischen Staaten haben viel zu bieten und sind seit 2004 in der EU. Mögen sie für viele unscheinbar wirken, besticht jedes Land jedoch auf seine ganz eigene Art und Weise durch eine architektonische Vielfalt und traumhafte Sehenswürdigkeiten.

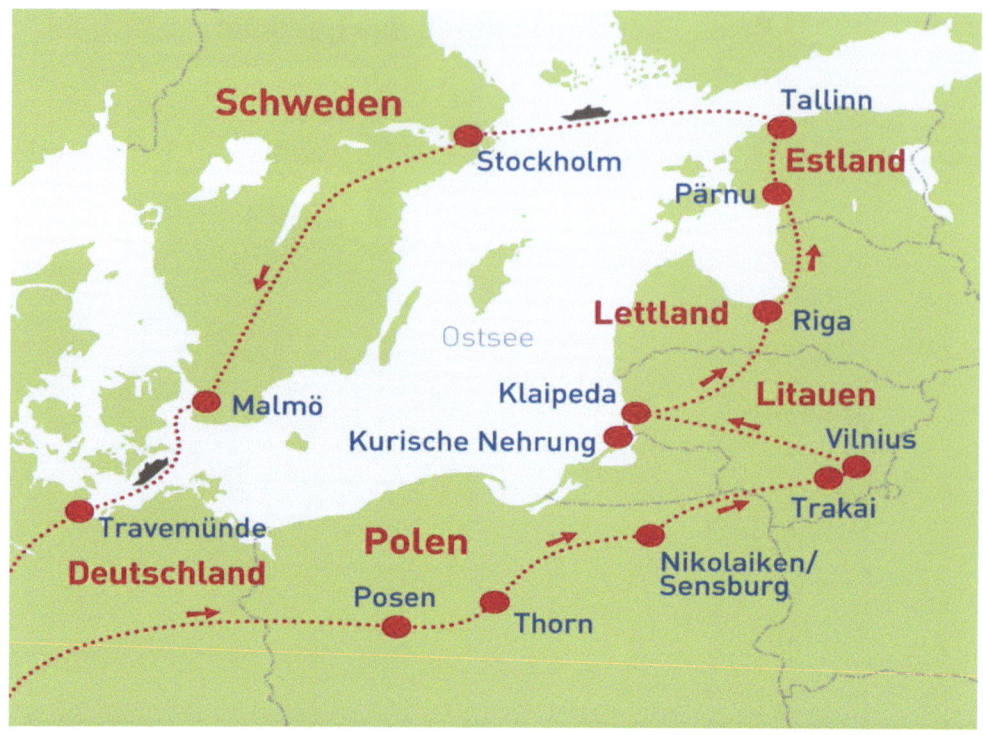

Der Durchschnittsverdienst Litauens beträgt rund 700 Euro und in Estland bis 850 Euro. In Lettland gibt es einen nationalen Mindestlohn, der seit dem 1. Januar 2018 nicht weniger als 430 EUR pro Monat betragen darf.

Im Potsdamer Abkommen wird 1945 die polnische Grenze erneut nach Westen verschoben.

Ab jetzt gilt die Oder-Neiße-Grenze. Die Deutschen in den Gebieten östlich dieser Grenze werden vertrieben – mit der gleichen Brutalität, mit der zuvor die Deutschen in Polen wüteten.

Durch die drei Teilungen Polens Ende des 18. Jahrhunderts von den Nachbarstaaten seiner Souveränität beraubt, erlangte Polen mit dem Vertrag von Versailles seine Unabhängigkeit 1918 zurück.

Der Einmarsch der Deutschen und der Sowjetunion am Beginn des Zweiten Weltkrieges und deren Besatzungsherrschaft kostete Millionen polnischer Bürger, insbesondere polnischen Juden, das Leben. Deutsches Reich 1871-1918.

Mit einer Größe von 312.679 Quadratkilometern ist Polen das sechstgrößte Land der Europäischen Union und mit 38,5 Millionen Einwohnern ebenfalls das sechstbevölkerungsreichste.

Świebodzin ist eine Kreisstadt mit etwa 22.000 Einwohnern, und befindet sich ca. 40 Kilometer nördlich von Zielona Góra und ca. 70 Kilometer östlich der deutsch-polnischen Grenze bei Frankfurt (Oder).

Die Christus-König-Statue ist eine monumentale Christusfigur im Westen Polens.
Sie wurde 2010 auf einem gut 16 Meter hohen aufgeschütteten Hügel errichtet und misst – inklusive der drei Meter hohen Krone – 36 Meter. Die ca. 440 Tonnen schwere Statue ist weithin sichtbar.

Die Blickrichtung der Christus-König-Statue ist nach Westen ausgerichtet und der künstlich angelegte Hügel wird dabei von fünf Ringen umgeben. Diese Ringe stehen symbolisch für die erlösende Rolle Christi auf den fünf Kontinenten der Erde.

Durch die Aufschüttung des Geländes wurde eine Gesamthöhe von 52,5 Metern erreicht.

Die Statue selbst ist ohne der Krone 33 Meter hoch und symbolisiert damit die 33 Lebensjahre Jesu.

Auf dem 15 Tonnen schweren und 4,5 Meter großen Kopf befindet sich eine 3 Meter hohe vergoldete Krone. Sie soll auf die drei Jahre seines öffentlichen Auftretens hinweisen.

Posen ist eine Stadt an der Warthe im Westen Polens.
Sie ist bekannt für ihre Universitäten und für die Altstadt mit den im Renaissancestil er-bauten Gebäuden am Alten Markt mit 550000Einwohnern.

Nach der Einnahme der Stadt durch den deutschen Streitkräften wurde in den Jahren 1945 bis 1947 nahezu die gesamte deutsch-sprachige Bevölkerung Posens vertrieben.

Unser 4-Sterne-Hotel „Novotel Poznan Centrum" mit seinen 16 Stockwerken eignet sich perfekt für größere Gesellschaften oder eben mehrere Busse.

Es ist das größte und höchste Hotel in Posen. 480 Zimmer auf 10 Etagen.

Das ist ein Ausblick vom 16. Stock.

Der Wolności-Platz wurde Ende des 18. Jahrhunderts angelegt. Er ist von prächtigen Bauten umgeben. Der Platz ist das Zentrum eines vornehmen Viertels aus dem 19. Jahrhundert.

Das Posener Königsschloss ist eine der ältesten königlichen Residenzen in Polen. Der Ursprungsbau geht bis ins 13. Jahrhundert zurück unter der Herrschaft von Herzog Przemysł I. von Großpolen.

Die Franziskanerkirche am Fuße der Przemysł-Anhöhe westlich des Alten Marktes wurde zwischen 1674 und 1757 errichtet. Erst im Inneren erschließt sich die geballte Ladung ihrer barocken Ornamentierung.

Als besonderer Besuchermagnet gilt der Marienschrein, in dem seit 350 Jahren ein kleines, wundertätiges Marienbild ("die Herrin von Poznań") ausgestellt wird.

Alter Markt heißt der Platz in Posen, der bei der Gründung der Stadt im Jahr 1253 als Marktplatz für den Kauf und Verkauf von Waren angelegt wurde.

Mit einer Fläche von ca. zwei Hektar ist er der drittgrößte Marktplatz Polens und einer der größten Europas.

Bunte Giebelhäuser, Brunnenfiguren, verwinkelte Gässchen – dazu jede Menge Restaurants und Clubs.

Bis zum Zweiten Weltkrieg war der Alte Markt Mittelpunkt des wirtschaftlichen und politischen Lebens der Stadt. Infolge der Kriegshandlungen wurde er fast völlig zerstört.

Nach dem Wiederaufbau ist er heute, dank der gelungenen Restaurierung, eine der meistbesuchten touristischen Attraktionen der Stadt.

Auch der Stary Rynek Platz gehört zur Fußgängerzone inmitten der zumeist schachbrettartig angelegten Altstadt.

Das pulsierende Zentrum der lebendigen Großstadt Posen an der Warthe oder wie es heute heißt Poznań.

Den steinernen Brunnen zwischen der Stadtwaage und dem Rathaus schmückt die Skulptur einer "Bamberka" (deutsche Siedler aus der Gegend von Bamberg, die Mitte des 18. Jahrhunderts nach Posen kamen) von Josef Wackerle aus dem Jahr 1915.
Modell stand eine damals lebende

Bamberka - Józefa Gadymska aus dem Stadtteil Winiary. Anfangs stand der Brunnen vor den Krämerhäusern, von 1929-1945 vor der Westwand des Rathauses, seit 1964 an der Mostowa. 1977 kehrte der Brunnen auf den Altmarkt zurück.

Die Krämerhäuser stehen auf der Südseite des Rathauses und stellen einen Rest der ehemaligen Bebauung mit Handelsgebäuden dar. Im Mittelalter standen hier hölzerne Buden, in denen Heringe, Salz, Kerzen, Fackeln und einige andere Gegenstände des täglichen Bedarfs verkauft wurden.

Ein Rathaus wie dieses wird man in Mitteleuropa kein zweites Mal finden. Der eigenwillige Monumentalbau wurde im 16. Jahrhundert im italienischen Renaissance-Stil umgestaltet und galt lange als schönstes Gebäude nördlich der Alpen.

Im Jahre 1551 wurde auf dem Rathaus eine Turmuhr mit Ziegenböckchen installiert. Täglich, wenn die Rathausuhr 12 schlägt, öffnen sich kleine Türen oberhalb der Turmuhr, wo zwei Ziegenböckchen erscheinen. Die mit dem Turmuhrwerk gesteuerten Ziegenböckchen stoßen 12 Mal gegeneinander.

Der Legende nach waren einst einem Koch zwei echte Ziegenböcke ausgebüxt. Den mächtigen Rathausturm kann man zwar selten begehen, wenn doch, ist die Aussicht aber atemberaubend.

Der Posener Dom, wie sie auch bezeichnet wird, ist die Bischofskirche des Erzbistums Posen und ein bedeutendes Baudenkmal der Stadt.

Als eine der frühesten Kirchen und die älteste Kathedrale des Landes aus dem 10. Jhd. steht der Posener Dom geschichtlich für den Beginn der Christianisierung Polens.

Die barocke katholische Parish Church of St. Stanislaus Kathedrale inmitten der Altstadt von Posen war das unverhofft schönste und beeindruckendste in ganz Polen. So schrieb ein User im Internet.

Weiter heißt es, da können Danzig, Krakau oder Warschau nicht mithalten.

So viel Prunk und Farbe, tolle Schnitzereien und Fresken, einfach nur Wow!

Die vergoldeten Verzierungen der Kronleuchter und der Altar sind einfach eine Augenweide. Die Kirche gehörte zu einem früheren Kloster.

Wundervoll sind auch die vielen Kapitelle der Säulen. Zudem gibt es eine schöne Orgel im Kirchenraum.

Unser zweites Hotel, das „Mazuria" liegt direkt am Czos-See in Mrągowo, einer Stadt im polnischen Woiwodschaft Ermland-Masuren im masurischen Seengebiet.

Die einfachen Zimmer im Mazuria sind klassisch mit Holzmöbeln eingerichtet.

Wir durften uns über Entspannungsmöglichkeiten wie einen Whirlpool, eine Sauna sowie den direkten Zugang zum See und einen privaten Pier mit einem Verleih von Waterbikes und Ruderbooten freuen.

Insgesamt bieten 800 Hotels in den Masuren ihre Übernachtung an.

Masuren ist eine Region des ehemaligen Ostpreußens in der im Norden Polens gelegenen Woiwodschaft Ermland-Masuren.

Die im Norden Polens gelegenen Masuren zählen zu den wohl schönsten und zugleich grünsten Regionen Europas. Malerische Seen, weite Felder und die Herzlichkeit der Einheimischen: dieser Mix macht die Masuren zu einem ganz besonderen Reiseziel.

Kein Wunder also, dass auch Polens Nationalspieler Robert Lewandowski die Ruhe und Abgeschiedenheit dieser Region zu schätzen weiß. Vor einiger Zeit kaufte der Fußballprofi sogar ein Grundstück an einem der kleineren Seen der Masurischen Seenplatte und lies ein gemütliches Haus für sich und seine Familie bauen.

Litauen ist der südlichste der drei europäischen baltischen Staaten. Die ehemalige Sowjetrepublik grenzt an Polen, Lettland und Weiß-russland. Die Zeit ist eine Stunde voraus.

In Litauen wurde ab Januar 2015 die Währung Euro eingeführt. Hier gibt es 3,4 Millionen Einwohner sowie 750 Flüsse.

Es ist verboten auf der Straße oder in Parks (Kurz: in der Öffentlichkeit) Alkohol zu trinken. Wer erwischt wird, muss mit einem Bußgeld rechnen.

Ein neues Gesetz von 2018 hat das Mindestalter des Alkoholkonsums zu Jahresbeginn von 18 auf 20 Jahre angehoben, Werbung für Alkohol verboten und die Öffnungszeiten von Alkoholgeschäften eingeschränkt. Litauer zählen zu den eifrigsten Trinkern der Welt. Auch Restaurants sind betroffen. Nach 20.00 Uhr dürfen sie keine Weinflaschen mehr zeigen, da deren Etiketten als Werbung gelten. Gäste können Wein im Glas bestellen oder ihn sich in einem Gefäß servieren lassen.

Die Burg Trakai ist eine spätmittelalterliche Wasserburg. Die Anlage zählt heute zu den bekanntesten Sehenswürdigkeiten Litauens und wird als Museum genutzt.

Die Burg befindet sich auf einer Insel zwischen dem Galvėsee, dem Lukos oder Bernardinų See und dem Totoriškių See. Der Galvesee mit seinen 21 Inseln ist mit 46,7m der tiefste See der Region. Seine Fläche beträgt 3,88 qkm.

Die Wasserburg von Trakai befindet sich etwa 30 Straßenkilometer westlich der litauischen Hauptstadt Vilnius.

Die Stadt Trakai hat (2018) 4.298 Einwohner und eine Fläche von 11,52 qkm.

Die der Stadt zugewandten Fassaden haben drei Fenster: eines für Gott, eines für Vytautas, eines für die Hausbewohner.

Sie ist ein beliebter Ausflugsort, dies liegt zum einen an seinen historischen Stätten, doch nicht nur. Viele Fassaden sind hier mit bunt angemaltem Holz versehen.

Insbesondere bei den Bewohnern von Vilnius erfreut sich der Ort auch wegen seiner vielfältigen Ausflugsmöglichkeiten großer Beliebtheit, denn derer hat die kleine Stadt Trakai erstaunlich viele zu bieten.

Das Baltikum kann sich mit mehreren Tausend Holzgebäuden und -Bauten rühmen, von ländlichen Einzelhöfen bis hin zu Holzhäusern. Heutzutage ist die Holzarchitektur nicht nur ein bedeutender Teil des historischen Nachlasses, sondern auch das Milieu, in dem sich die zeitgenössische Kultur entfaltete.

Neben diversen Cafes, Restaurants, den architektonischen Sehenswürdigkeiten und der traumhaft schönen Seelandschaft, können hier vor allem auch Wassersportliebhaber auf Ihre Kosten kommen.

Neben den vielen Bootsverleihstationen bieten sich auch Kanufahrten oder Wasserski auf den umliegenden Seen an. Ebenso bieten etliche Skipper vor Ort kostenpflichtige Rundfahrten über den See feil.

Ein Kibinai ist eine Hefeteigtasche mit Füllung aus zerkleinertem Lamm- oder Rindfleisch – es wird mit heißer natürlicher Bouillon, Tee oder Brotkwas gegessen. Dieses Gericht wurde dank des Großfürsten Vytautas in Litauen beliebt.

Keine Baltikumreise ohne Cepelinai! Die mit Hackfleisch gefüllten Kartoffelklöße sind eine litauische Spezialität, die wahrscheinlich jeder Litauen-Tourist irgendwann einmal auf seiner Reise probiert.

Vilnius, die Hauptstadt Litauens mit 600 000 Einwohnern, ist für seine Barockarchitektur bekannt, die sich besonders in der mittelalterlichen Altstadt zeigt.
Sie liegt mit ihrer mittelalterlichen Altstadt unweit der weißrussischen Grenze.

Das „Congress" in der Bildmitte ist ein 4-Sterne-Hotel in der Altstadt von Vilnius, direkt am Fluss Neris. Das Gebäude verfügt über 79 moderne Zimmer auf sechs Etagen. Viele Zimmer bieten Aussicht auf die Altstadt oder den Fluss, andere in einen ruhigen Innenhof.
Das Hotel liegt nur ein paar Gehminuten vom Domplatz, dem Schloss Gediminas und anderen historischen Stätten entfernt.

Die Neris ist ein Fluss der durch Weißrussland und Litauen fliest. Sie entspringt im Norden Weißrusslands, durchfließt die litauische Hauptstadt Vilnius sowie die Mittelstadt Jonava und mündet in Kaunas in die Memel.

Das Tor der Morgenröte ist eines der wichtigsten Kultur- und Architekturdenkmäler der Stadt Vilnius.
Es ist gleichzeitig ein bedeutender Wallfahrtsort für Katholiken, sowie Orthodoxe und verschiedener protestantischer Konfessionen.

Der Džiugas ist ein einzigartiger hart fermentierter litauischer Käse, der bereits zu einem besonderen Markenzeichen geworden ist.
Die Reifezeit von Džiugas-Käse kann 12, 18, 24, 36 oder 48 Monate betragen. Deshalb trifft Džiugas viele verschiedene Geschmäcker.

Die Heilig-Geist-Kirche ist eine russisch-orthodoxe Kirche. Sie ist von der katholischen Heilig-Geist-Kirche zu unterscheiden.

An der Stelle der heutigen Kirche befand sich bereits eine kleine Holzkirche, welche 1638 in Form eines lateinischen Kreuzes errichtet wurde.

Nach einem Brand wurde die Kirche ab 1749 unter dem bedeutenden Wilnaer Architekten Johann Christoph Glaubitz neu errichtet.

Für eine orthodoxe Kirche ungewöhnlich, zeigt sie sich in Formen des Barock und des Rokoko. Die Innengestaltung dauerte daher von 1749 bis 1753.

Sowohl die Fresken als auch die altarartige Holzwand und die Kuppel verstärken den Prunk, bedingt durch die Farbgebung mit kräftigem Blau und Grün. Ebenso untypisch für orthodoxe Kirchen sind die Skulpturen aus Stuckmarmor.

Auf dem Vorplatz der Kathedrale befindet sich die „Stebuklas" also Wunderfliese.
Nach dem Aberglauben solle man sich auf sie stellen, die Augen schließen und sich 3 Mal im Uhrzeigersinn drehen und sich dabei etwas wünschen.

Neben dieser wunderhaften Wirkung markiert die Fliese das Ende der Vilnius-Tallinn-Menschenkette die 1989 die Abspaltung Litauens von der Sowjetunion feierte.

Der Präsidentenpalast steht auf dem Simonas-Daukantas-Platz gegen-über der Universität Vilnius.
Das erste Gebäude wurde im 15. Jahrhundert an dieser Stelle errichtet. Ab dem 16. Jahrhundert befand sich die Residenz des Vilniuser Bischofs in dem Gebäude.

Die Kathedrale St. Stanislaus ist die römisch-katholische Kathedrale des Erzbistums Vilnius. 1985 wurde sie in den Rang einer Basilika erhoben. Sie ist die Pfarrkirche und Hauptkirche im 1. Dekanat Vilnius des Erzbistums Vilnius.

Die Kirche liegt am Fuße des Burghügels der Oberen Burg am Kathedralenplatz in der Altstadt von Vilnius und damit auf historischem Boden. Hier befand sich seit frühesten Zeiten eine Siedlungsstätte und so ist die Kirche aufs Engste mit der litauischen Geschichte verknüpft. Die Basilika geht in ihrer heutigen Gestalt auf einen Entwurf im klassizistischen Stil von Laurynas Gucevičius zurück und wurde 1801 fertiggestellt. Ihr Glockenturm steht wie bei vielen Kirchen im Baltikum separat.

Klaipėda ist eine Hafenstadt in Litauen mit 190 000 Einwohnern, die dort liegt, wo die Ostsee auf den Danė-Fluss trifft. In der Altstadt gibt es im 18. Jahrhundert erbaute Fachwerkhäuser im deutschen Stil.

Hauptattraktionen sind das neoklassizistische Dramatheater und der Simon-Dach-Brunnen, wo sich auf dem Brunnen das Wahrzeichen der Stadt Klaipeda befindet.

Das Denkmal „Ännchen von Tharau". Alfred Kühne hat dieses Denkmal 1912 mit Hilfe von Spendengeldern der Einwohner von Klaipeda geschaffen zum Andenken an den in Memel geborenen Dichter Simon Dach (1605 – 1659).

Das bekannteste Werk von Simon Dach ist eben dieses Volkslied, „Ännchen von Tharau" und besingt in 17 Strophen Anna Neander, die Tochter des Tharauer Pfarrers.

Unser nächstes Quartier, das moderne 4-Sterne-Hotel „Amberton Klaipeda", mit 254 Zimmern befindet sich im Stadtzentrum. Zehn Minuten vom Schloss Klaipeda und anderen lokalen Sehens- würdigkeiten entfernt.

Ein Panoramarestaurant in der 12. Etage, eine gemütliche Lobbybar und einen trendiger Nachtclub gehören zum Hotel. Zum weiteren Angebot gehören ein Kasino, Kegelbahn, Fitnessraum, Innenpool und ein Spa Bereich.

Der Seehafen Klaipėda ist der größte Hafen des Landes und gehört zu den wenigen eisfreien nördlichen Ostseehäfen. Jährlich laufen etwa 7000 Schiffe aus ca. 45 Staaten den Hafen an. Das Hafengelände ist 498 Hektar groß.

Die Stadt ist sehr alt und kann auf eine 700-jährige bewegte und schicksalhafte Geschichte zurückblicken.

Am linken Dane-Ufer liegt die Altstadt, die durch die schlichten Fachwerkhäuser und Speicher besticht.

Sehenswert sind auch die Grüne Apotheke, die Hauptpost mit dem Glockenspiel und das Rathaus.

Das moderne „Fachwerk Old Mill Hotel" befindet sich an der Küste der Lagune auf dem Territorium der alten Burg im Zentrum des Seehafens von Klaipeda und bildet eine harmonische und romantische Atmosphäre, die mit Meeresenergie angereichert ist.

Eine der schönsten Sehenswürdigkeiten in Klaipeda ist das Segelschiff „Meridianas".

Dieser stolze Segler diente der Seefahrtsschule als Schulschiff. Heute ist sie nicht mehr seetüchtig und liegt am Ufer der Dane als Restaurantschiff.

Die Kurische Nehrung ist eine 98 km lange Halbinsel an der Nordküste des Samlands. Sie beginnt in Lesnoi und endet am Memeler Tief. Seit 1945 gehören die nördlichen 52 km zu Litauen und die südlichen 46 km zur russischen Oblast Kaliningrad.

Zu den Eigenschaften einer Nehrung zählt, dass sie nur auf einer Seite mit dem Festland verbunden ist. Das ist im russischen Teil der Fall, in den man ohne Visum nicht einreisen darf. Klaipėda ist unser Ausgangshafen.

Zwei verschiedene Fähren verkehren in der schmalen Wasserstraße. Wenn man zu Fuß übersetzen möchte, nimmt man am besten die alte Fähre (Senoji perkėla).

Autos und Camper finden auf der neuen Fähre (Naujoji perkėla) Platz. Die Autofähre fährt tagsüber je nach Uhrzeit alle 20 bis 40 Minuten und die Überfahrt dauert gerade einmal 10 Minuten.

Fast 100 Kilometer lang, von 380 Meter bis zu 4 Kilometer Breite und riesige Sanddünen – das ist die Kurische Nehrung. Die schmale, langgezogene Halbinsel bildet einen natürlichen Damm. Er trennt das Kurische Haff von der Ostsee.

Im Jahr 2000 wurde die Kurische Nehrung von der UNESCO zum Weltkulturerbe erklärt.

Die Düne erreicht im Bereich Nidas unterschiedliche Höhen, je nachdem ob die Waldvegetation gerodet wurde oder nicht. In Bereichen, wo im 18. Jahrhundert gerodet wurde, setzte starke Dünenbildung ein.

Der Nobelpreisträger wurde zum Symbol des schwierigen Verhältnisses zwischen Deutschen und Litauern im Memelland.

Thomas Mann, der deutsche Schriftsteller und Literatur-Nobelpreisträger kam 1929, wie er selbst behauptete, als einer der typischen Westdeutschen, die Ostpreußen nur selten besuchten, nach Königsberg in Preußen.

Im Thomas-Mann-Kulturzentrum sind einige wenige Ausstellungsstücke zu sehen, die an sein Wirken erinnern.
Der Literaturnobelpreisträger besuchte 1929 mit der Familie im Sommer die Kurische Nehrung. Er war so begeistert, von der Sahara des Nordens, dass er sich in Nida auf dem sog. "Schwiegermutterberg" ein Sommerhaus bauen ließ. Direkt am Haff mit einer herrlichen Aussicht auf das Memeldelta.

Vom ursprünglichen Inventar ist nichts erhalten, nur ein maßgefertigter Stuhl steht rekonstruiert im Parterre. Er ist eine Nachbildung des von seiner Frau Katia entworfenen Stuhles.

Thomas Mann verbrachte hier bis 1932 drei herrliche Sommer, bevor er Nazideutschland den Rücken kehrte.

Jonas Stanius kam eines Tages auf die Idee, die Legenden und Sagenwelten von Niringa in Holz zu schnitzen und auf dem Hexenberg zu präsentieren. Bereits 1979 standen 25 Skulpturen aus Holz, heute sind es weit über 80.

Die Märchen und Sagen sind Volksgut, welches von Menschen aus dem Volk dem Volk erzählt werden.
Man spricht von Geistern, Teufeln, einem Froschregen und bevorzugt von Hexen.

Die Bausubstanz des alten Fischerdorfes von Nida ist mit 52 Katen, sprich einfachen Wohnhäusern, recht beachtlich. Auch die Straßenführung ist noch erhalten und die Rosengärten zur Straße hin blühen wieder den ganzen Sommer hindurch.

Die Architektur des Memellandes ist in vielen Ortschaften der Nehrung noch gut erhalten. Die alten Holzhäuser besitzen zwei Enden, für die Familie und für Gäste.

Sie werden von einem durchgehenden Flur von etwa zwei Metern Breite voneinander getrennt. Außen sind die Häuser mit rötlich braun oder blau gestrichenen Brettern verschalt. Die Dächer sind mit Dachpfannen oder Schilf gedeckt.

Fast alle Fischerhäuser stehen mit dem Ende zum inneren Küstengewässer (Haff) hin, sogar die dazugehörenden Blumen- oder Rosengärten gehen zum Wasser hinaus. Viele der Fischerhäuschen sind von Grund auf restauriert.

Diese knallbunten Häuschen beherbergen alle kleine Lädchen. Es sind sogenannt bunte Andenkenhäuser auf der Einkaufsstraße in Nida.

Sogar die neue Haffpromenade, die vom Schwiegermutter-Berg bis zum Hafen führt, ist reich bestückt mit Schubkarren. Aus Petunien wuchern, Brunnennachbauten, auf denen Plastikstörche schnäbeln und Milchkannen, aus denen die Kapuzinerkresse quillt.

Die Nehrung trennt das Kurische Haff von der Ostsee. Die schmalste Stelle liegt bei der Siedlung Lesnoi am südlichen Ende und ist nur 380m breit. Von litauischer Seite gelangt man nur durch eine Fährverbindung von Klaipeda dorthin.

Der Hafen Nida ist ein Fischerei-, Passagier- und Binnenhafen in der Gemeinde Neringa. Am Ende des 19. Jahrhunderts wurde ein Fischereihafen eingerichtet und später eine Dampfschiff-Werft gebaut.

 Denkmal für Vytautas Kernagis (1951-2008), litauischen Bardensänger, Texter, Komponist, Schauspieler und Fernsehansager.

Bei Siauliai gibt es den Berg der Kreuze. Er ist ein katholisch und touristisch geprägter Wallfahrtsort in Litauen.

Pilger pflegen Kreuze auf diesen Hügel zu stellen, häufig verbunden mit einem Wunsch oder Dank.

Die Wallfahrt erfolgt individuell und ist an keine Termine gebunden, jedoch wird der Berg der Kreuze besonders zu Hochzeiten, Geburten und an Ostern besucht.

Im Laufe der Geschichte immer wieder zerstört, ist der nur circa zehn Meter hohe Doppelhügel mit den unzähligen Kreuzen unter dem Namen Berg der Kreuze zum Symbol für den Widerstand der Bevölkerung und den tiefen Glauben der katholischen Litauer geworden.

Im Jahre 2000 wurde ein im Auftrag des Papstes Johannes Paul II. erbautes Kloster am Berg der Kreuze errichtet. Heute dient es als Ort des Gebets.

Die Bedeutung als Symbol des Glaubens unterstrich Papst Johannes Paul II., als er 1993 den Berg der Kreuze besuchte.

Er hielt eine Messe unter freiem Himmel ab, die von 100.000 Gläubigen besucht wurde.

Während dieses Festaktes betraute Johannes Paul II. den Franziskaner-Orden mit der Betreuung des Wallfahrtsortes und dem Bau eines Klosters. Päpstlicher Altar Pavillon.

Bis zu 16 Franziskanern dient das Kloster als Wohnstatt. Im Inneren befindet sich neben dem Gebetsraum eine kleine Kapelle, deren Fenster einen Blick auf die zahllosen Kreuze ermöglicht.
Ein Kreuz stiftete auch der Vatikan.
Seit 1991 gilt der Berg der Kreuze als heiliger Ort der Katholiken. Aus aller Welt kommen die Gläubigen auf den Hügel, um ein Kreuz aufzustellen oder einen Rosenkranz aufzuhängen.

Ende der 1990er wurden weit mehr als 50.000 Kreuze auf dem Berg und dem danebenliegenden Areal gezählt. Hinzukommen noch zahlreiche Rosenkränze, die an den Querstreben aufgehängt wurden.
Unter der Stalin-Regentschaft wurden Kreuze zum Gedenken an verschleppte Litauer errichtet, die aber immer wieder vom Regime zerstört wurden.
Eine große Zerstörungsaktion fand 1961 statt, als der Berg der Kreuze mit Bulldozern abgerissen wurde. 2.179 Kreuze sollen es damals gewesen sein.

Weiter geht unsere Reise nach Lettland zur Landeshauptstadt Riga.
Lettland liegt an der Ostsee zwischen Litauen und Estland. Seine Landschaft zeichnet sich durch breite Strände sowie gewaltige, dichte Wälder aus.
In Lettland gibt es ca. 12.400 Flüsse und Flüsschen, sowie ca. 3.000 Seen. 2,4 Millionen Einwohner.
Der längste Fluss Lettlands ist die Düna (Daugava) mit einer Gesamtlänge von 1.020 km (375 km in Lettland).

Riga, die Hauptstadt Lettlands, mit ca. 1 Million Einwohnern, liegt an der Mündung der Düna in die Ostsee und steht auf der Liste des UNESCO-Weltkulturerbes.
Das Freiheitsdenkmal ist das Symbol für die nationale Souveränität Lettlands.

Der Zentralmarkt Riga ist der größte Lebensmittelmarkt Lettlands. Er galt in den 1930er Jahren als der größte und modernste Markt Europas. Insgesamt wurden aus den beiden Luftschiffhallen, von denen jede ursprünglich eine Länge von 240 Meter hatte, fünf Markthallen errichtet.

Seit 1995 wird der Markt als 100-prozentige AG des Rigaer Stadtrats geführt. Der Zentralmarkt beschäftigt 253 Angestellte und bietet eine Gesamtfläche von 72.300 qm.
1,6 ha des Gesamtmarktes sind überdacht. Sein Bau kostete die Stadt damals über 5.000.000 Lats, sprich 7,1 Millionen Euro.

Das Denkmal der lettischen Schützen ist ein Denkmal für die Schützen in der lettischen Hauptstadt.

Die Roten Lettischen Schützen, spielten eine größere Rolle in der Oktoberrevolution.

Das Schwarzhäupterhaus stammt ursprünglich aus dem 14. Jahrhundert und ist eines der Highlights in Riga. Im Jahr 1334 wurde es als "Das neue Haus der großen Gilde" erstmals urkundlich erwähnt und diente fortan den Kaufleuten und der Bürgerschaft für Zusammenkünfte.

Nachdem das Haus am 29. Juni 1941 durch den Beschuss deutscher Truppen zerstört war, wurde das Gebäude zwischen 1993 und 1999 in nur siebenjähriger Bauzeit originalgetreu rekonstruiert. Heute befindet sich die Tourist Information darin.

Die Skulptur der Bremer Stadtmusikanten wurde 1990 als Geschenk der Stadt Bremen an die Partnerstadt Riga übergeben und auf-gestellt.
Sie ist eine von Christa Baumgärtel geschaffene Interpretation einer 1953 von Gerhard Marcks hergestellten und vor dem Bremer Rathaus stehenden Skulptur.

Im Volksglauben wird gesagt, dass das Reiben der Nasen der Tiere Glück bringen würde. Je höher man käme umso mehr Glück würde einem zuteil. Da die Skulptur zum touristischen Standardprogramm von Riga-Besuchern zählt und diesen das Ritual von Stadtführern nahegelegt wird, glänzen die Nasen der Tiere mittlerweile goldfarben.

An der Küste bietet sich natürlich Bernstein, das Gold der Ostsee, als Souvenir oder als Geschenk für Daheim-gebliebene an.

Auch der Livenplatz zählt zu den jungen Plätzen Rigas. Wie beim

Domplatz war die Fläche bis zur Rückeroberung der Stadt durch die Rote Armee im Zweiten Weltkrieg dicht bebaut gewesen.

Neu angelegt wurde der Livenplatz 1974 vom Landschafts-architekten Kärlis Barons.

Anders als beim Domplatz wirken die zahlreichen Freiluftrestaurants, Cafés und Kneipen mitsamt ihres Publikums einiges jünger.

Das Katzenhaus ist ein Gebäude in der Altstadt von Riga. Es ist mit

Elementen des Jugendstils gestaltet und bekannt für die beiden Katzenskulpturen mit gewölbtem Rücken und erhöhtem Schwanz. Es wurde 1909 nach dem Entwurf des Architekten Friedrich Scheffel erbaut.

Es wird gesagt, dass der Besitzer des Hauses wollte, dass die Katzen mit dem Schwanz zum Haus der Großen Gilde gedreht platziert werden.

Er hatte einen Groll gegen dessen Mitglieder.

Später wurde angeordnet, dass die Katzen so gedreht werden sollten, dass sie dem Gildenhaus zugewandt sind.

Der Steinkopf heißt „Livs Steinkopf" es ist eine dreimal größere Kopie eines Idols, das 1851 in Lettland in der Nähe der Stadt Salaspils gefunden wurde.
Die Skulptur beansprucht den Status eines Kulturdenkmals, da einige Folkloretraditionen den Mythos der kulturellen Funktion dieses Kopfes und seine Verbindung mit den Praktiken der in Riga lebenden Liv-Stämme aufrechterhalten.

Das Schwedentor entstand 1698 unter schwedischer Herrschaft, daher auch der Name, um die skandinavische Besetzung der Stadt zu "feiern" Das Tor flüstert. Ist ihr Liebster bzw. ihre Liebste die Liebe Ihres Lebens? Gehen Sie zusammen durch dieses Tor und hören Sie genau hin.

Die St.-Jakobs-Kathedrale ist die Bischofskirche des römisch-katholischen Erzbistums Riga.
Die älteste urkundliche Erwähnung stammt aus dem Jahr 1225.

In der Altstadt von Riga stehen ca. 40 Kirchen. Die meisten können kostenlos besucht werden, bei anderen wird Eintritt verlangt.

Die Drei Brüder sind ein Gebäudeensemble in der Altstadt. Rechts das Haus 17 ist das älteste profane Steingebäude im Stadtgebiet, es wurde bereits im 15. Jahrhundert mit Merkmalen niederländischer Renaissance-Häuser errichtet.

Der Dom zu Riga ist die Kathedralkirche der Evangelisch-Lutherischen Kirche Lettlands und die größte baltische Kirche überhaupt.

Der Domplatz ist der größte Platz der Altstadt. Er gilt als deren Herz, in das das Leben wie durch Blutgefäße aus sieben Straßen hineingepumpt wird.

Die ältesten Teile des Doms sind der Chor und das Querhaus in romanischem Stil. Beim weiteren Bau des Langhauses wurden Spitzbögen verwendet, deren Pfeiler in mittlerer Höhe durch Säulen mit Kapitellen verziert sind.

Die ursprüngliche Ausgestaltung des Gotteshauses fiel im Jahr 1524 Bilderstürmern der Reformation zum Opfer. Der Brand von 1547 tat sein Übriges. Heute erscheint das Innere der Kirche in barocker und manieristischer Ausgestaltung.

Eine Besonderheit des Doms stellt die 1926/1927 in Morgenröthe hergestellte Glocke dar. Sie ist die größte dort hergestellte Glocke ihrer Art und wiegt 8,5 Tonnen. Sie hat einen Durchmesser von 2,50 m und eine Höhe von 3,00 m.

Berühmt ist auch die Domorgel, die ursprünglich 1883/84 erbaut wurde und über 124 Register und 6718 Pfeifen verfügt.

Der gewölbte dreiteilige, 188 m lange Kreuzgang diente im Mittelalter zu Kirchenprozessionen und verband die erzbischöfliche Kathedrale mit den Klosterräumen - dem Wohnsitz des Domkapitels.

Rechts im Innenhof erhebt sich ein Denkmal von Bischof Albert. Albert von Buxthoeven war von 1199 bis 1201 Bischof von Livland und von 1201 bis 1229 Bischof von Riga.

Ein Vorgängerbau des heutigen Rathauses entstand Anfang des 14. Jahrhunderts. Es verfügte im Erdgeschoss über Lauben sowie Ratsstube und Bürgersaal.

Der Rathausplatz zeigt sich hier von seiner besten Seite.

Estland grenzt an die Ostsee und den Finnischen Meerbusen und gehörte früher zur Sowjetunion. Die Zoll und Passkontrollen wurden bereits mit dem EU-Beitritt am 1. Mai 2004 eingestellt. Die abwechslungsreiche Land-schaft des Staatsgebiets, das auch über 1.500 Inseln umfasst, ist durch felsige Strände, Wälder mit altem Baumbestand und Seen geprägt. Im ganzen Land finden sich zahlreiche Schlösser, Kirchen und Hügelfestungen.

Es gibt Würstchen, Brot und Gurke am Bus.
Wer mochte, konnte auch an der Grenzstation etwas leckeres Essen.

Auf der E67 geht es weiter zum nächsten interessanten Ort nach Pärnu.
Pärnu ist eine estnische Hafenstadt mit 51.000 Einwohnern und ein wichtiges Seebad im gleichnamigen Kreis.
Pärnu liegt an der Mündung des gleichnamigen Flusses.

Die Stadt hat einen etwa drei Kilometer langen Sandstrand am nördlichen Ausläufer des Rigaischen Meerbusens.

Die Fußgängerzonen hier in der Nähe des Strandes sind sauber, gepflegt und blumenreich gestaltet.

Straßencafes reihen sich aneinander.

Auf der anderen Seitenstraße stehen sogar auch noch schöne holzvertäfelte Häuser.

Die 1768 fertiggestellte Katharinenkirche ist die stilechteste und prunkvollste Barockkirche Estlands. Die Gestaltung der Fassade ist, typisch für den barocken Stil, reliefartig und besteht aus mehreren Teilen. Die schlanken Spitzen der Turmhelme geben dem Gebäude Leichtigkeit und Feierlichkeit.

Auf der Rüütli Strasse befindet sich das lebensgroße Abbild von Johann Voldemar Jannsen, dem Vater des estnischen Journalismus. Die Melone in der einen, eine Zeitschrift in der anderen Hand haltend, ist er wie für einen Moment erstarrt.

Weiter geht es zur estnischen Hauptstadt Tallinn, welches gleichzeitig unser Quartierort ist.
Die Hauptstadt Tallinn ist für ihre gut erhaltene Altstadt sowie ihre Museen und den 314 m hohen Fernsehturm mit Aussichtsplattform berühmt.

Die Freilichtbühne, auf der das riesige, alle 5 Jahre begangene Sängerfest stattfindet, wurde 1960 errichtet. (nächste Veranstaltung 2024). Neben der Konzertarena steht der 42 m hohe Leuchtturm, der für die Öffentlichkeit zugänglich ist.
Das Sängerfest findet in der Sängermuschel im Stadtteil Pirita statt. Hier haben 22.000 Sänger Platz. Die Tradition des estnischen Liederfests liegt 1869 begründet. Beim Liederfest 2019 traten über 33.000 Sänger vor über 120.000 Zuhörern auf. (2014 waren es 153 000 Besucher).

Das estnische Liederfest ist damit eine der größten Veranstaltungen für Laienchöre weltweit. 2003 wurden die estnischen, lettischen und litauischen Lieder- und Tanzfeste von der UNESCO als Meisterwerke des mündlichen und immateriellen Erbes der Menschheit anerkannt und 2008 in die Repräsentative Liste des immateriellen Kulturerbes der Menschheit aufgenommen.

Das Schloss auf dem Domberg ist ein wunderschöner barocker Palast. Seit dem Bau ist das Schloss etliche Male umgebaut worden.

Besonders auffallend ist seine Farbe. In Rosa leuchtet der Palast aus der Zeit Katharinas der Grossen. Heute residiert hier das estnische Parlament.

Die Alexander-Newski-Kathedrale ist eine Landmarke der estnischen Hauptstadt und befindet sich auch auf dem Domberg, genauer auf dem Lossi Platz zwischen dem estnischen Parlament und der Residenz des deutschen Botschafters.

Die Newski-Kathedrale wurde zwischen 1894/1895 und 1900 als russisch-orthodoxe Kathedrale von Michail Preobraschenski in dem damaligen Russischen Kaiserreiches erbaut. Die Kirchenweihe der Kathedrale fand am 30. April 1900 statt.

Sie ist reich geschmückt und hat elf in Sankt Petersburg gegossene Glocken.

Die größte wiegt etwa 16 Tonnen und somit mehr als die anderen zehn zusammen. Insgesamt gibt es drei Altäre, dabei ist der nördliche Altar Wladimir I. geweiht, der südliche dem Heiligen Sergius von Radonesch.

Der Tallinner Dom ist der Jungfrau Maria geweiht. Ursprünglich war die Kirche eine römisch-katholische Kathedrale. Mit dem Abschluss der Reformation in Estland 1561 wurde sie zur lutherischen Domkirche.

Vom Kohtuotsa-Aussichtspunkt hat man einen tollen Blick auf den Osten der Altstadt.

Links die Olaikirche, rechts die Heiliggeistkirche und der Rathausturm.
Die Altstadt von Tallinn wurde 1997 von der Unesco zum Weltkulturerbe ernannt. Ver-schlungene Pflastersteingassen und eherne Straßenlampen, gotische Turmspitzen.

Der Wehrgang vom Neitsitorn (Mägdeturm) zum Kanonenturm Kiek in de Kök und bis in die Bastionsgänge bietet eine einzigartige Möglichkeit, sich mit einem großen, ganzheitlich renovierten Teil des mittel-alterlichen und neu-zeitlichen Verteidigungsgürtels Tallinns bekannt zu machen.

Von hier aus hat man wieder einen schönen Blick auf die Altstadt mit der Kirche des hl. Nikolaus.

Im Garten des dänischen Königs stehen übergroße gesichtslose Mönche als Figuren.
Die Nikolaikirche wurde zwischen 1230 und 1275 von westfälischen Kaufleuten gegründet, die von der Insel Gotland nach Tallinn gezogen waren.

Das Café Maiasmokk ist ein bekanntes Café in der estnischen Hauptstadt Tallinn.
Das Café ist in den beiden unteren Geschossen eines dreigeschossigen denkmalgeschützten Gebäudes untergebracht.
Im Mittelalter befanden sich an der Stelle des heutigen Gebäudes mindestens zwei Grundstücke.

1875 erwarb der deutschbaltische Konditor Georg Johan Stude, dem seit 1864 in der Nachbarschaft eine Konditorei gehörte, das Anwesen. Er ließ 1876 durch den Architekten T. Hamm den jetzigen Bau im Stil der Neorenaissance errichten.
Bemerkenswert ist eine

bemalte Buntglasdecke. Das Café gilt als ältestes noch in Betrieb befindliches Café Estlands.

Der historische Rathaus-platz Tallinns. Er wurde im 13. Jh. errichtet und wird von einem gotischen Rathaus mit einem 64 m hohen Turm dominiert.

Der wuchtige, zwei-geschossige Bau ist noch ganz dem spätgotischen Stil des Mittelalters verpflichtet. Die am Rathausplatz liegende Hauptfassade wird von einem Zinnenkranz bekrönt.

Zwei Wasserspeier in Form von Drachenköpfen zieren die Fassade.

Der Rathausplatz Platz liegt im Zentrum der Tallinner Altstadt. Auf ihn münden acht altstädtische Straßen ein. Eine erste Erwähnung des Platzes ist aus dem Jahr 1313 überliefert.

Auch heute hat der Platz eine zentrale Funktion für Tallinn.

In den umstehenden Häusern befindet sich eine Vielzahl gastronomischer Betriebe.

Matrjoschka sind aus Linden- oder Birkenholz gedrechselte Puppen aus Holz. Bunt bemalte, ineinander schachtelbare, eiförmige russische Puppen mit Talisman-Charakter.

Sie sind als Spielzeug wie als Souvenir sehr beliebt.

Erstmals 1890 vom Maler Sergei Wassiljewitsch Maljutin entworfen und vom Kunsthandwerker Wassili Petrowitsch Swjosdotschkin geschnitzt. Diese waren sogar zehnteilig, kosteten aber über 50.- Euro.

Der Weltrekord liegt laut dem Guinness-Buch der Rekorde bei 51 Puppen und wurde 2003 in den USA aufgestellt. Sie war 57 cm hoch.

Die Politiker schauen hier etwas betreten.

Die Ratsapotheke befindet sich im Gebäude Rathausplatz 11, direkt gegenüber dem Tallinner Rathaus. Es handelt sich eigentlich um drei Gebäude, die miteinander verbunden wurden. Sie wurde wahrscheinlich Anfang des 15. Jahrhunderts gegründet. Die erste Urkunde bezeugt für das Jahr 1422 bereits den dritten Besitzer. Sie gilt als eine der ältesten Apotheken Europas, die heute noch in Betrieb ist.

Beim Viru-Tor, auf Deutsch Lehmpforte, liegt ein ursprünglicher Verkaufsort von Blumen, der im Volksmund als Blumenmarkt bekannt ist.

Der gesamte Straßenabschnitt voller Blumen vor dem Hintergrund der Tallinner Altstadt ist ein einzigartiger Anblick. Unter den Einheimischen und Touristen ganzjährig und rund um die Uhr geöffnet und sehr populär.

Die gründlich renovierten 14 Verkaufskioske mit moderner Lösung bilden auf dem Straßenabschnitt zwischen dem Viru-Kreisverkehr und dem Viru-Tor eine etwa 100 m lange Verkaufstheke, die gleichmäßig mit Schnittblumen im Sommer und im Winter bedeckt ist.

Der Markt ist tatsächlich rund um die Uhr geöffnet, was ich zunächst nicht glauben konnte und deshalb nochmals hinterfragt habe.

Es geht wieder zurück Richtung Marktplatz.

Die Lehmpforte ist ein Stadttor der Stadtbefestigung in Tallinn. Eine erste Erwähnung als Lehmpforte ist aus dem Jahr 1362 überliefert.

Schloss Katharinental ist ein im Petrinebarock-Stil errichteter Palast, der von Peter dem Großen für Katharina I. im damaligen Russischen Kaiserreich erbaut wurde. Heute Kunstmuseum.

Der Hafen von Tallinn richtet sich an Kreuzfahrtschiffe, Fähren und Schnellboote. So legen die Kreuzfahrtschiffe in der Cruise Area im Hafen von Tallinn an.
Vier Schiffe haben die Möglichkeit zeitgleich an den Kreuzfahrtterminals anzulegen. Darüber hinaus

fahren über 350 Kreuzfahrtschiffe verschiedenster Reedereien im Jahr den Hafen von Tallinn an.

Wir sind auf dem Weg zur Fähre nach Stockholm in Schweden.

Hier sind wir richtig. In den umfangreichen Hafengebäuden kann man sich schon einmal verlaufen.

45

Die MS Baltic Queen ist die neueste Cruisefähre von Tallink Silja und ist seit dem 24.04.2009 in Betrieb.

Die 212 Meter lange Fähre besitzt Kapazität für 2800 Passagiere und 1130 Meter Wagendeckfläche für Fahrzeuge.

An Bord der neuen Kreuzfahrtfähre befinden sich 927 Kabinen, zwölf Restaurants und Bars, drei Shops und ein Konferenzzentrum für mehr als 450 Personen.

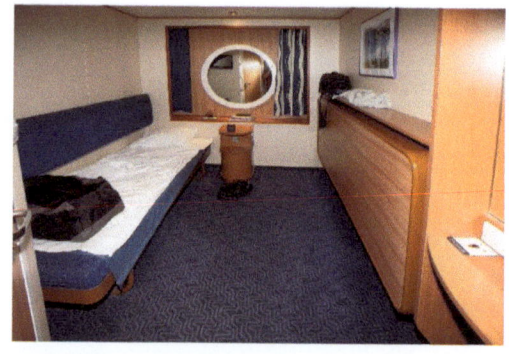

Die Innenkabinen haben 9 qm ohne Fenster für 2 Personen. Alle Kabinen sind mit WC, Dusche und TV ausgestattet. Es gibt aber auch Suiten mit und ohne Balkon bis 36 qm.

Das Starlight bietet über zwei Ebenen eine herrliche Umgebung für glamouröse Unterhaltungs-Shows und eine tolle Aussicht aus dem oberen Geschoss auf die 1000 Sitze umfassende Location.

Das Buffet auf der Baltic Queen (Ostseekönigin) gilt als eines der Besten.

Die bunte Mischung an Gerichten können die Gäste ebenso genießen wie die atemberaubende Aussicht vom Bug des Schiffes auf die Ostsee.

Bei den über 900 Kabinen kommt schon einiges zusammen. Insgesamt gibt es aber 12 Restaurants und Bars, aber dann mit Aufpreis.

Der Osten der Stadt Stockholm ist von zahlreichen Buchten, Landzungen und über 20 000 Schären umgeben.

Stockholm erstreckt sich heute über 14 Inseln, die mit über 50 Brücken miteinander verbunden sind.
Insgesamt gibt es hier vier Kreuzfahrt-Hafenterminals.

Die Ausblicke auf die kleinen Schären, zeigen immer andere Eindrücke.

Hier stehen vor allem Ferienhäuschen. Diese sind jedoch so groß, um dort auch dauerhaft wohnen zu können.

Seit dem 24. Januar 2017 legt auch die Baltic Queen an der modernisierten Anlegestelle Värtahamnen an.

Jährlich gibt es ungefähr 300 Schiffsankünfte in Stockholm mit mehr als 500 000 Passagieren.

Riddarholmen ist eine kleine Insel von Stockholm. Die Insel ist Teil der Altstadt Gamla Stan und beherbergt eine Reihe von privaten Palästen aus dem 17. Jahrhundert. Das Wahrzeichen ist die Kirche Riddarholmskyrkan. Der Runde Turm heißt Birger Jarl.

Jetzt wird wieder umgestiegen um mit dem Bus zum nächsten Fährhafen nach Trelleborg zu kommen. Von dort geht es mit der nächsten Fähre bis Warnemünde.

Blick über die St. Lorenzkirche auf das Hafengebiet um die Trave, die hier in die Ostsee mündet.

Das letzte Stück geht mit dem Bus wieder in die Heimat zurück.

Herstellung und Verlag: BoD – Books on Demand, Norderstedt
ISBN: 978-3-7481-0747-7